AF448208

HACIA UNA FILOSOFÍA DE LA DANZA

Elio Profumo

HACIA UNA FILOSOFÍA DE LA DANZA

PRIMERA EDICIÓN
Junio 2024

Editado por Aguja Literaria
Noruega 6655, dpto. 132
Las Condes - Santiago de Chile
Fono fijo: 56 - 227896753
E-Mail: contacto@agujaliteraria.com
www.agujaliteraria.com
Facebook: Aguja Literaria
Instagram @agujaliteraria

ISBN
9789564091242

Nº INSCRIPCIÓN:
294.485
Elio Claudio Profumo Farías

DERECHOS RESERVADOS
Hacia una filosofía de la danza
Elio Profumo
Queda rigurosamente prohibida sin la autorización escrita del autor, bajo las sanciones establecidas en las leyes, la reproducción parcial o total de esta obra por cualquier medio o procedimiento, incluidos la reprografía y el tratamiento informático

Los contenidos de los textos editados por Aguja Literaria son de la exclusiva responsabilidad de sus autores y no necesariamente representan el pensamiento de la Agencia

TAPAS:
Imagen de Portada: Luisa Miranda
Diseño: Jimena Cortés

ÍNDICE

Dedicado a mis tres maestras: Bárbara Stankovsky G., María Omelianovitch S. y Luisa Miranda B., quienes plantaron las semillas del ballet y de este libro hace treinta y nueve años en mi corazón, y allí se quedaron para siempre.

Introducción

"Pareciera que lo distintivo de la danza está en la expresión humana a través
del movimiento y del movimiento del propio cuerpo, del movimiento en sí y
no simple réplica de otras expresiones, y en, a través del movimiento corporal,
ir irradiando la totalidad del ser".

Fidel Sepúlveda

Una filosofía de la danza representa un intento por aprehender su ser. El dogma de fe aquí proclamado es de conocimiento y amor por la danza y su esencia.

La falta de publicaciones acerca de la historia del ballet y la historia de la danza en Chile refleja, por una parte, la falta de difusión que adolece esta actividad artística en nuestro país y, por otra, un desarrollo difuso y carente de uniformidad tanto académica como estética.

La danza académica chilena ha evolucionado de manera forzada desde sus comienzos formales en 1942, cuando la Universidad de Chile contrató al célebre Ernst Uthoff para formar una escuela. Los tropiezos se proyectan hasta el día de hoy. La escasa actividad dancística nacional se concentraba en la capital hasta hace un par de décadas. Los logros históricos son pocos y su relevancia se ajusta a la reposición de obras creadas en el extranjero. Lejos de parecer ofensivas, estas declaraciones se adscriben a la expresión de Otto Friedrich Regner, al referirse a "benditos reponedores de obras".

En alguna época se han aventurado creaciones propias, como el movimiento generado por Germán Silva, que quedó trunco cuando dicho maestro regresó a Europa, obteniendo un éxito y difusión relativamente amplios dentro de los estrechos márgenes en que se ha desarrollado el ballet.

Si bien en Chile la actividad dancística es escasa, su teorización es prácticamente nula; los pocos textos que recorren las librerías son vetustos y de autoría extranjera. Mención aparte merece el libro educativo "Escuela Clásica de Ballet", del profesor E. Elbio Cosentino Inzúa, impreso en papel roneo en la ciudad de Valparaíso en 1956, del que se han publicado al menos 6 ediciones. No obstante, es la carencia de libros especializados el problema que más nos aqueja e impide abordar y, sobre todo, profundizar en el tema con amplitud de miras.

Una filosofía de vida cimienta los actos cotidianos de nuestro quehacer. Asimismo, una filosofía de la danza debiera cimentar los actos cotidianos del quehacer de la danza. El desarrollo de un arte debiera reportar un alza en su calidad. Sin embargo, en la danza chilena apreciamos que los altibajos de su historia no nos permiten afirmar que hayamos progresado de manera sustancial. En 1984, la realidad cultural de nuestro país era radicalmente distinta. Tanto así que, sin temor a equivocarnos, podemos hablar de un retroceso gigantesco en todas las artes y, por ende, también en la danza hasta comienzos de los 90. Dentro del proceso de cambios políticos, una verdadera explosión en ciernes nos pondría en esos años, de un día para otro, en una situación diametralmente opuesta. Gran cantidad de propuestas, proyectos y programas culturales y artísticos devenidos junto con los gobiernos democráticos, han impulsado un panorama felizmente distinto a comienzos del siglo XXI. Publicaciones, grandes aportes económicos destinados a proyectos de creación canalizados por vías oficiales y, finalmente, la creación del Ministerio de Cultura, nos permiten hablar hoy de un verdadero boom de las artes. En la danza, vemos con alegría que la disciplina ha ido ganando adeptos, y que han florecido una variedad de modalidades difíciles de categorizar con claridad. De esta manera, los fundamentos de los artículos que se presentan en este libro resultan tan válidos ahora como hace treinta años, cuando tuvieron su nacimiento.

En la medida que se requieran acotaciones específicas, intentaremos definiciones que devengan de acuerdo con los cambios experimentados y las nuevas realidades.

Anhelamos la forja de una danza chilena; no desvinculada del contexto mundial, por supuesto, pero sí propia, original y sólida.

Sabiduría del cuerpo

"Los sentidos son las puertas del hombre al mundo y del mundo al hombre".
Fidel Sepúlveda

El cuerpo humano es una entidad sabia. Los bailarines no solo conocen las claves de esta sabiduría, sino también las dominan y proyectan más allá de los mecanismos usuales.

Los sentidos desgajan, minucia a minucia, aquel todo que es el mundo para integrarlo como un primer indicio de realidad. Se introduce en nosotros y lo implicamos en nuestro ser; lo entrañamos. La fiesta del movimiento abre nuestros sentidos para que los mundos visible y audible dejen de ser ajenos. Estamos, entonces, incursionando en el mundo de la danza.

Si bien entendemos que el cuerpo, sus procesos, funciones y actos conllevan sus propios límites, no es menos cierto que, si le proporcionamos los apoyos apropiados, devenidos del aprendizaje, la práctica y la disciplina cuidadosa, es posible extender sus horizontes de comprensión.

Pero... ¿para qué tanto movimiento, equilibrio, salto y pirueta en la danza? ¿Por qué traspasar límites, alcanzar lo extraordinario, luchar contra la ley de gravedad? ¿Para qué hallar el punto de apoyo preciso, el centro del centro mismo, logrando un paso que se trascienda a sí mismo y emocione al público? En la danza, el anhelo de alcanzar lo excepcional no culmina al accionar fibras, cartílagos, músculos y huesos como los deportistas, sino que busca la implementación de un fenómeno distinto, significante por sobre la mera acrobacia. Busca afectar el alma del espectador y mantenerla en suspenso junto al relato cinético; metaforizar y llenar de ensueño su sensibilidad. Para ello, crea una idea, salta y levita, cae y se equilibra dentro de una pauta escenografiada.

Solo la plástica del cuerpo, guiada por la plástica de la mente, es capaz de crear en la danza. Y la plástica de la mente no es

"

otro fenómeno que la sabiduría revelando las claves de la vida para nosotros.

Danza y educación

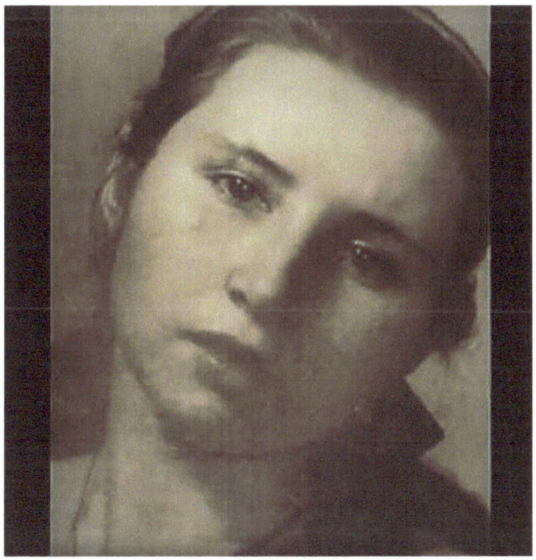

Los incontenibles avances de la ciencia y de la tecnología han decantado las materias educativas, afianzando aquellas que competen a dichas áreas y restándole progresivamente valor a las asignaturas —hoy llamados subsectores— de orientación humanista. Ni hablar de la nula importancia que se les otorga a las artes, incluyendo aquellas de obligatoriedad tradicional, como las artes plásticas y las artes musicales, cayendo a veces en el indecoroso proceso de la electividad. La misma filosofía ha terminado condenada al más absurdo de los ostracismos escolares, bajo el sofisma de la pertinencia. El desarrollo formal de las capacidades físicas, intelectuales, emocionales y estéticas se da en la danza como en ninguna otra actividad educativa. No nos explicamos su ausencia de los planes y programas de Educación. Quizás, un gesto de iluminación política al respecto sería un excelente comienzo que favorezca una educación para el arte.

Desgraciadamente, hay muchos profesores de danza sin títulos. Los potenciales discípulos, deseosos de ingresar al mundo de este arte, son incontables, pero las oportunidades concretas de realizar una labor pedagógica son escasísimas, casi nulas. Es una actividad que concita el interés inmediato de gran cantidad de personas, y sus valores educativos están fuera de toda discusión seria. Además, si hablamos del encanto que produce la danza en la vida de las personas, nos aventuramos a asegurar que convertiría a las escuelas chilenas en espacios insólitamente atractivos.

Un pueblo tiene derecho al arte, a su propio arte. Chile tiene derecho a su propia danza. Tal vez, el día en que logremos una identidad real y sólida como pueblo nos devenga una danza apropiada.

El conocimiento ontológico de la obra de arte

"Mis ballets constituyen el diario de mis recuerdos, de mis amores y amistades; el testimonio de descubrimiento del universo que me rodea y del que llevo dentro".
Maurice Béjart

La cultura occidental en la actualidad, de tendencia fragmentaria y equívoca en lo axiológico, nos ofrece un maremágnum de alternativas para los quehaceres, que nos consumen en una confusión de experiencias vitales. El arte, el más humano de estos quehaceres, refleja esta dispersión de alternativas. En su inherente capacidad para expresar la realidad y el sentido profundo de las cosas, el arte es permeable a las confusiones sociales; las asume, las hace suyas y las revela por medio de las obras. Mas,

¿en qué medida la dispersión de valores sociales e individuales en el ser humano determinan la dispersión de los modos en el arte? La vida fácil, el hedonismo galopante y la vehemencia con que el mundo comercial pregona el placer de vivir parecen llenar todos los espacios. Una vida confusa provoca un arte confuso. Dentro de la vorágine de manifestaciones de belleza, caemos con facilidad en la trampa de confundir con arte muchas de las actividades que se nos presentan de modo verosímil como tales.

El ballet, como especie académica dentro del género de la danza, mantiene sus propias confusiones. La extravagancia y las mezclas de estilos —tan recurrentes como *embobadoras*—, en su afán por renovar los lineamientos de su artisticidad, nos arrastran por un camino de desconcierto y, por ende, por una senda de nebulosa estética difícil de apreciar a simple vista. Esto se debe a que los significados profundos de toda danza se hallan ocultos bajo varios planos de comprensión, a los cuales solo acceden quienes se han iniciado en sus secretos y han desarrollado aquel sentido estético tan escurridizo. Sin embargo, con demasiada frecuencia —obnubilados frente a dicho entrevero de postulaciones disparatadas—, nos planteamos de manera frívola, más con el cuerpo o el corazón que con la mente, más con un quehacer que con una filosofía; inconscientes del perjuicio artístico que provocamos al presentar, con la arrogancia propia de los ignorantes, como ballet aquello que solo es baile.

Nuestros postulados no niegan la importancia de los factores corporales y emotivos en el ballet. No obstante, una filosofía de la danza debiera situarnos en un hábitat de fundamentos sólidos en el mundo del ballet. En apariencia, podría resultar aventurado llamar la atención sobre el pensamiento puro para una actividad donde la teoría está incuestionablemente subordinada a la práctica y a la experiencia. Solo desde una perspectiva panorámica, posterior a la vivencia del salón de clases y del escenario, se puede reflexionar de forma sustantiva acerca del ballet y la creación dancística.

Trazar los lineamientos para una filosofía del ballet no significa especular desde la metafísica, entregando conceptos abstractos desvinculados de la esencia. Más bien, es una postura para obtener cierta claridad al definir el género de la danza, la especie del ballet como creación artística moderna e histórica, separar esferas de acción y propiedades y, en fin, establecer qué deberíamos entender como danza y qué no.

El solo hecho de practicar la danza no nos garantiza el arte. Hacer arte implica una comprensión del sentido de la vida que se está revelando, no un mero contagio emotivo de las sensaciones del bailarín sobre el público.

El modelo comunicacional aplicado a una pieza de ballet visualiza como fuentes de los significados tanto al coreógrafo —o *coreautor*— como al bailarín. La obra en sí queda relegada al rol de medio a través del que se manifiestan las emociones planificadas e interpretadas por ellos.

Las personalidades eminentemente cinéticas de los bailarines los llevan con frecuencia a confundir la función de los medios de expresión. Resulta común presenciar el sacrificio del verdadero sentido de un ballet, en aras del lucimiento personal o de un subjetivismo exacerbado. La presentación de una pieza de ballet como expresión espontánea de los propios sentimientos, desajusta el carácter de la obra en su modulación esencial.

Una saludable filosofía de la danza nos enseña que la obra tiene existencia en sí misma, se autosustenta y adquiere su valor como tal desde su propio ser, aunque la fugacidad inherente a dicho ser complique su apreciación ontológica, pues una vez que la obra termina, ¿qué nos queda? Más allá de la figura del bailarín, los aplausos, los elogios y el recuerdo efímero de tal o cual pirueta; olvidamos, sin malicia, la concreción de la estructura global de la obra, incluso perdiendo muchas veces de vista al *coreautor*.

¿Cuál es, entonces, el sustento del ballet? Si pretendemos elaborarla, conviene esclarecer algunos conceptos generales respecto de la obra de arte, sobre todo aquellos que resulten particularmente esquivos para la valoración ontológica de la danza. La teoría del arte la debe asumir el artista para concederle un primer dominio a la experiencia vivida, que determinará con posterioridad la validez de los métodos emprendidos. Pero ¿qué debe prevalecer como elemento de mayor importancia?, ¿aquella primera intuición reveladora de la realidad?, ¿aquel impacto visual que nos encandiló por su virtuosismo?, ¿o la obra, con sus definiciones propias? La estética moderna postula que se debe valorar el ser de la obra por sobre las emociones que la originaron. Y el ser de la obra es sostenido por los vínculos establecidos entre lo que se pretende revelar y las formas que se utilizan para lograrlo; por la entramada ligazón entre los significados y los significantes simbólicos que presenta. El artista, entonces, es visto como un medio —importante, por supuesto—, por la calidad de lo entregado, pero circunstancial frente a la esencia de la obra.

La comprensión epistemológica de la obra de arte traza el camino para el entendimiento posterior de sus modulaciones. Atreverse a incursionar en la creación de una pieza implica comprender el ballet en sus generalidades y el valor ontológico particular de dicha obra, desde el instante en que es concebida como tal.

La base teórica de los conceptos de belleza y arte entrega la fundamentación sobre la cual se consolida la estructura de una obra.

La trivialidad anodina de las piezas que solemos ver en los espectáculos de variedades nos acostumbra a la creencia de que cualquier despliegue corporal es ballet, como si el espíritu de la danza artística habitara en ellos por osmosis. Alerta, pues, con este tipo de sofisma escénico. Teoricemos para formalizar el compromiso filosófico en los amantes del ballet. La historicidad de los maestros de danza, quienes son los verdaderamente llamados a la creación, debe sellar el compromiso contra las influencias endémicas que los pervierten en perjuicio de su deber ineludible. Sus creaciones debieran estar convocadas a superar las envolventes condiciones de confusión filosófica actuales, de manera tal que trasciendan y se entronicen por encima de los actos vulgares de la danza.

La sensibilidad influye tanto en la conformación de la personalidad de algunos "elegidos", que los convierte, muy a su pesar en personas diferentes.

La categoría de *Homo sapiens* que nos concedemos representa los mayores triunfos en el desarrollo de las especies animales. Somos el último peldaño, los campeones en esta carrera por la evolución, los seres — conocidos por nosotros, hasta ahora— más cercanos a la perfección. Así lo sentimos y nos lo hacemos sentir. Somos la especie humana; superior, dominante, trabajadora e inteligente. Por todo esto, hoy estamos a cargo del mundo, de acuerdo con los añejos postulados del humanismo.

Los planteamientos filosófico-estéticos de algunos académicos de la Pontificia Universidad Católica de Chile establecen las categorías de *Homo faber* para el hombre trabajador común y de *Homo aestheticus* para aquel otro, que padece el síndrome de la sensibilidad y del arte. Este último es elevado a un estadio superior, intuyendo en él un grado de desarrollo intelecto-espiritual mayor que el de sus congéneres. Dicho hombre-sensible es visto como un ser que excede en virtudes a los demás, debido a su calidad más humana y a su relación con el entorno desde una perspectiva estética, profunda y comprometida.

El arte es el medio concreto del que se vale el ser humano para expresar la sensibilidad. Declara la belleza desde la artificiosa representación del símbolo, consciente en la medida que reporta una intención. Según Lalo, "lo bello es, sobre todo, una satisfacción de orden intelectual". La creación artística, evidentemente, es un fenómeno psicológico, pero sus gérmenes se encuentran en lo fisiológico.

El mundo físico tiene y sostiene los estímulos que afectan al hombre-sensible a través de los sentidos. Estos medios de relación fundamentales entre hombre y mundo poseen tal fuerza, que estremecen todo su ser.

El germen de la creación artística es, sin duda, expresión de vida, respuesta a ese estímulo vital que se abre paso desde la piel hasta los rincones más oscuros de la conciencia. Como tal, no puede ser sino de naturaleza erótica, fertilizadora. El acto concreto de crear mantiene un compromiso íntimo con las hondas palpitaciones del artista. Es, pues, la carne, la sangre que emerge sobre sí misma para dar lugar al nacimiento de una primera e ineludible "necesidad" de crear.

Mary Shelley conjetura una visión del hombre sensible, al decir: "¿Por qué el hombre se vanagloria de poseer una sensibilidad superior a la del bruto? Si nuestros impulsos se limitaran al hambre, la sed y el deseo, seríamos casi libres; pero nos conmueve la más ligera brisa y tan solo una palabra o la imagen que esta despierta en nosotros, inquieta nuestro espíritu". El hombre-sensible está irremediablemente vivo, casi condenado a vivir su condición o, más bien, condenado a sentirse vivo, infundido de energía por cada suceso que estremezca los "radares" de su sensibilidad. Aquellos instantes en que el hombre se conmueve con algún acontecimiento impresionante, es cuando se experimenta con mayor fuerza el sentimiento de estar vivo.

Anton Chejov, a través de su personaje Iván Dimitrich, lo relata así: "...sé únicamente que Dios me ha dotado de sangre caliente y de nervios... ¡Eso es!... Pero el tejido celular debe reaccionar a toda clase de excitación... ¡Yo reacciono! A los dolores contesto con gritos y lágrimas, a la maldad con mi indignación, a las canalladas con mi repugnancia... Eso, a mi parecer, con acierto, se llama vida".

El dios Dionisos, orgiástico y brutal, pero dotado de una vitalidad inigualable en su representación del carácter humano, simboliza la fertilización de las fuerzas psicológicas en el acto creador. Es el fundamento fisiológico, telúrico, profundo, misterioso e inefable, y es su misma inefabilidad la que refunde su imagen con la de la creación. Es potencia y movimiento, pero, dentro de esta misma figura, se nos muestra como movimiento puro y desenfrenado en su propia potencialidad.

El germen artístico, proveniente de las fuerzas dionisíacas, ha sido llamado por Lifar "prearte". Una visión analítica del fenómeno creativo, percibido como un proceso, nos presenta esta primera etapa de la creación como una mera potencia. Dicho germen no es todavía arte, sino solo su base y fundamento. En todo suceso natural, una energía se transforma en otra. El cuerpo sensible del artista es sacudido por un acontecimiento que toma contacto con sus fibras.

El dios Apolo, figura contrapuesta al principio dionisíaco, asume parte importante en la etapa posterior a este "prearte".

Lo apolíneo, símbolo del orden, mesurado y espiritual, representa el control de la vorágine creativa, la armonización de las fuerzas desencadenadas en la etapa dionisíaca. Dionisos y Apolo, caos y cosmos, tiempo y espacio, son los principios del ritmo universal. Y ritmo es vida. El arte, a fin de cuentas, revela un sentido del universo, una concepción del mundo y de la vida. Y, en el mundo, ambos principios son indisolubles. Lo dionisíaco, por sí solo, sería como una poderosa semilla lanzada al vacío, es decir, poderosa nada más en cuanto a sus posibilidades, pero inoficiosa de facto. Por otra parte, lo apolíneo aislado nos reportaría una tierra quieta, fértil y esperanzada, pero solo eso.

Así, cada uno estos principios, aislado el uno del otro, no nos llevaría a ningún resultado. Es en su fusión donde se genera el arte. Sentimiento y técnica, intuición y conocimiento, inspiración y aplicación. Esto revelan las figuras de ambos dioses, quienes conviven en una relación dinámica y fértil dentro del espíritu creador del artista. Si la relación entre estos principios está reñida, tendremos como resultado una obra equívoca y dislocada. Si la convivencia se concierta en términos de armonía, entonces, el cauce de sus virtudes será benéfico.

Danza y música

"Nada es perdurable sino la mutabilidad".
Mary Shelley

Según Sergio Lifar: "El ritmo es la danza misma en su momento más antiguo". Y agrega que el ritmo musical ha nacido del ritmo danzante. Estas aseveraciones parecen más activadas por la emotividad en su compromiso de amor por la danza que por una reflexión real u objetivada por la razón. De mayor verosimilitud se presenta la idea generalizada de la independencia de la música respecto de la danza y, más aún, la de la dependencia de la danza respecto de la música.

Un vistazo al proceso generativo de los hechos nos puede conducir a la comprensión de una realidad diferente.

Sumergirse en el mundo de la danza implica, necesariamente, involucrarse en un universo corporal que lo tiñe todo desde su singular perspectiva. Sin embargo, para explicar lo que se muestra como un fenómeno equívoco, consideramos imprescindible encauzar el razonamiento abstracto hacia los orígenes, con el objeto de captar la auténtica génesis.

Música y danza, fenómenos esencialmente hermanados, mantienen en el ritmo su patrón. Mas... ¿qué es el ritmo? Una serie de movimientos de un cuerpo, más o menos regulares, a manera de vibraciones o cadencias. Si el sonido resulta de la vibración de un cuerpo elástico estimulado, el impulso es un movimiento con existencia previa a ese sonido. La música es una sucesión de sonidos armoniosos y, por tanto, resultado también de dicho movimiento que los genera. Y movimiento es danza; es un cuerpo que danza el que genera la música. Puede ser la mano que golpea acompasadamente el bongó, o los dedos de la pianista que "bailan" sobre el teclado.

Los principios ontológicos tanto de la música como de la danza dilucidan la controversia acerca de la precedencia del ritmo danzante por sobre el musical. De hecho, el movimiento en sí puede tener existencia sin música, en tanto que la música no puede existir sin movimiento. Según Lifar, "el ritmo es el amo de la danza y es por esto que el verdadero coreautor no debe solamente crear las danzas, sino ritmos".

El ritmo es un concepto más abstracto, preciso y, al mismo tiempo más exhaustivo, al momento de definir el significante en la danza, pues lo contextualiza para hacer accesible su comprensión. Podemos hablar del milagro del ritmo si consideramos que entroniza lo visible y audible en la duración; las tres dimensiones del espacio se funden en el crisol del ritmo, junto a la temporalidad.

Como una nota musical, un paso de danza es siempre instantáneo. El bailarín trabaja con dos elementos fundamentales: espacio y tiempo. La notable intuición de Hermann Hesse nos dice que la música convierte el tiempo en espacio. El bailarín revierte la magia de este proceso en una especie de contraencantamiento, y aquello que era temporalidad vuelve a serlo merced a sus oficios.

Una de las críticas más frecuentes hacia los maestros de danza académica se genera en la "norma", que hace de la acrobacia un valor mediante el cual se miden las virtudes del bailarín, a quien se le alaban los saltos, la cantidad de piruetas que es capaz de efectuar con elegancia o la elevación de las piernas. Las razones escolásticas de esta deformación estriban en el énfasis que se les otorga a los valores espaciales. Resulta comprensible el hecho de ser seducido por la visión del espacio como virtud rectora en el reino de la danza, en cuyo caso, los principios espaciales dejan de ser intermediarios entre lo musical y el nacimiento de lo dancístico. Entonces, la música es entendida como origen y gobierno de la danza.

Agrippina Yakóvlevna Vagánova concierta el proceso dancístico con sus profundas reflexiones acerca de lo que representa el dios Jano, quien contempla —gracias a los dones otorgados por Saturno— al mismo tiempo la eternidad que ha sido y la que ha de ser. Se le representa con dos caras, entendidas por la pedagoga rusa como el símbolo de la indisoluble relación entre danza y música, fundidas en sus valoraciones tanto ontológicas como epistemológicas, refundidas en el erotismo instantáneo del arte y, por ende, como intuición profunda e inefable de lo eterno.

La danza académica

"La danza es el género y el ballet es la especie".
Fidel Sepúlveda

Aquello que comúnmente conocemos como "ballet clásico" es llamado también, y con mayor precisión, "ballet académico" o "danza académica". No todo lo que conocemos como "clásico" está designado de manera correcta, asimismo el estilo nominado "neoclásico". Sin embargo, debemos asignarles un valor sociolingüístico moderno a los registros informales del habla para comprender que dicho apellido, puesto tanto al ballet como a la música, no son referentes históricos de los cánones artísticos grecolatinos, sino más bien la institución de modelos estéticos y pautas pedagógicas fundamentales. En el caso específico del ballet, se señala como "clásico" el quehacer dancístico que opera durante el auge de la danza académica; época dentro de la que, como paradoja, podemos incluir al movimiento romántico.

Es tendencia generalizada vislumbrar el ballet clásico como una especie de danza con códigos rígidos, estáticos, de escasa vitalidad y limitados por las formas convencionales. Lejos de una primera impresión que nos otorgan los aspectos superficiales de esta especie de danza, advertimos que la profundización en cualquiera de sus actividades nos abre los ojos con respecto al equívoco en que se cae con tanta facilidad. Tal tendencia proviene de la observación reiterada de las clases de danza académica y la reposición de las más grandes obras, aquellas que aún continúan cautivando al público. Lo anterior se suma a las escasas posibilidades presentadas a los coreógrafos para la creación de nuevas piezas, orientadas por una visión estética inteligente, sólida y profunda que, en definitivas cuentas, rompa con algunos cánones anacrónicos.

Gran parte del tiempo dedicado a la actividad dancística se gasta en la sola enseñanza de la técnica y la educación del cuerpo. Sin embargo, no podemos negar que tanto el maestro como el bailarín ejercen, desde el mismo salón de clases, una función creadora. Tanto la entrega como la recepción de valores cuantitativos en la danza reportan, en forma explícita o implícita, matices de creación y de formación estética vívida. El dinamismo propio del acto pedagógico desarrolla en maestro y discípulos sendas estructuras artísticas generales; sendas directrices dancísticas. En todos los trabajadores de la danza se va forjando, con la lentitud y perseverancia propias de dicho quehacer —escasamente igualado por otro, no está de más mencionarlo—, el temple artístico. La función creadora se desenvuelve, pues, allí. No siempre hay genialidades, es cierto, pues las más notables realizaciones solo son alcanzadas por unos pocos. No obstante, el esfuerzo colectivo de bailarines y maestros establece la norma y los parámetros, el fundamento medio que eleva y sostiene al genio por encima de la masa.

El lentísimo proceso de enseñanza de la técnica académica se desarrolla en un ambiente de constante esfuerzo, que conjuga elementos de caracteres contrarios, en apariencia irreconciliables. Por una parte, la paciencia; por otra, el afán decidido, ansioso y, sin embargo, sostenido, de superación. Dentro del salón, las primeras percepciones de un estudiante se ven ganadas por una sensación de rigidez y sacrificio. Cualquiera que haya vivido esta experiencia solo haga memoria y, a pesar de lo agobiante que pudo resultar en su momento, lo recordará siempre con bellos matices. Los primeros avances tardan meses en ser notados, en ocasiones años, y la vocación se resiente. Sin embargo, los cultores avanzados, aquellos que sobrevivieron, deben coincidir con nosotros en que la técnica académica, lejos de ser limitada, es inagotable en sus medios de expresión. Si bien algunos académicos, como Wolinsky, sostienen que "las cinco posiciones abarcan todo, todos los movimientos del ser humano pueden ser expresados por ellas", nos parece más certera la opinión de Lifar, al decir que "las posiciones y los pasos académicos pueden servir como punto de partida para obtener acordes inéditos de una tonalidad, armonía y expresión plástica siempre nuevas". La creación artística, que comienza en el salón de clases, se sustenta en la novedad tanto como en la armonía técnica. Los pasos académicos, cuyas limitaciones resultan meras apariencias, se proyectan en el proceso creador hasta alcanzar límites indeterminados.

La conquista de nuevos dominios dancísticos se hace posible gracias a la sabiduría corporal de los bailarines. Más allá de la suficiencia, el ingenio y la pericia son dos facultades que parecen impulsarlos de manera incesante en la búsqueda de mecanismos frescos de comunicación artística.

Si bien entendemos que el cuerpo, sus procesos, funciones y actos conllevan sus propios límites, no menos cierto es que, si lo dejamos actuar con los apoyos apropiados, devenidos del aprendizaje, la práctica y la disciplina cuidadosa, es posible extender sus horizontes de comprensión.

Un paso de danza, asimilado a través de mil ensayos bajo la correctora mirada del maestro, se va convirtiendo paulatinamente en creación para adquirir su forma definitiva y trascendental sobre el escenario, cuando la virtud del ejecutante lo penetra de contenido emocional, espiritual y simbólico. Las virtudes físicas, el educado cuerpo, deben ser vistos como el medio expresivo a través del cual se evidencia el alma. Los valores cualitativos del arte sobrepasan las limitaciones corporales.

El virtuosismo puro, aunque encandile nuestros ojos, revela un inoficioso afán de pirotecnia y debe ser desechado como arte. Sasonova sostiene que no debemos confinarnos a la mera práctica de los pasos, sino que debemos estudiar las pasiones que, a través de ellos, se nos revelan. Por otra parte, el propio Lifar opina que los elementos de maquinismo no son ajenos a la danza académica, pero en ningún caso justifica su existencia otorgándoles algún valor estético. Vaganova, por su lado, reconoce la importancia de las posiciones en lo que respecta a su carácter pedagógico. Plantea que la danza académica es dogmática y rígida, pero también necesaria y económica. Nos parece difícil hallar una metodología alternativa que compendie las esencias de los movimientos y, al propio tiempo, disponga el cuerpo del bailarín hacia la adquisición de movimientos nuevos, incluso inéditos. Lifar tampoco niega la posibilidad de renovar la técnica académica o de proyectar sus potencialidades en beneficio de la creación, más allá de los cánones aprendidos.

El dominio de la técnica en el ballet, así como en las otras artes, deviene como un hecho imprescindible. Es el punto de partida para la verdadera creación.

Los grandes maestros toman la línea clásica y la perfeccionan. Si nos pidieran una descripción del alma en el quehacer dancístico, diríamos que es la búsqueda incansable, vehemente, a veces obsesiva, de la perfección. El sudor cotidiano de los trabajadores de la danza es una imagen que no precisa de mayores testimonios. Los bailarines marchan inexorablemente hacia la perfección.

Sucesión y refutación de estilos

Cada época de la historia humana está marcada por un concepto de mundo, por una manera percibir la vida y la realidad. El quehacer artístico no escapa de dicha filosofía, sino que debe ser consecuente y, a menudo, se presenta como su impulsor. El arte representa, desde su particular perspectiva, los aspectos más profundos y misteriosos del alma que subyace tras los acontecimientos históricos.

La estética, como conductora de los lineamientos artísticos intrahistóricos, acerca las modulaciones del arte de una determinada época con su concepción de mundo respectiva; esto es, le otorga un fundamento filosófico.

El dinamismo de la historicidad en la danza nos permite apreciar su desarrollo progresivo; una serie de variaciones, algunas bastante difíciles de catalogar con claridad. Los movimientos dancísticos no siempre han progresado de manera armónica. Con frecuencia, en las artes —no solo en la danza— los diversos movimientos estéticos no solo se han contravenido, sino que se han refutado entre sí. Se rompe una concepción de mundo, una filosofía, para imponer otra, y como resultado de la dinámica de este proceso se termina invalidando la estética precedente. Cabe preguntarse entonces: ¿qué sentido tiene esa refutación? ¿A qué conduce la destrucción de una forma de percibir y hacer arte? La respuesta: que la forma concreta de la idea que se pretende imponer es tenida como la más elevada. Se cree en ello y se actúa en consecuencia, desconociendo en principio el valor —aunque fuese meramente histórico— de representatividad que conlleva el movimiento dancístico refutado. Así, por ejemplo, en la actualidad dancística de Chile se busca con morbo la desacreditación del valor estético e histórico del ballet clásico; aunque a la luz de la propia historia nos parece de un gusto absolutamente extemporáneo el afán de invocar para ello, en pleno siglo XXI, los fundamentos de las danzas moderna y contemporánea.

Sin embargo, más allá de las consideraciones formales de la historia de la danza, no debemos perder de vista el hecho de que los conceptos concretos de la estética se perfeccionan sin que las estructuras del pensamiento precedente sean aniquiladas por los posteriores. El último movimiento dancístico contiene los fundamentos de todos los movimientos precedentes, es la consecuencia de todos los anteriores y, por tanto, debe ser más elevado; al refutar el valor de aquellos constituye un afán, si bien dinamizador, también aniquilador.

Ahora, la historia de la danza es una sola y, desde una perspectiva ontológica, es enteramente ella y no otra cosa. En el movimiento actual, en el último, está contenido todo aquello que ha producido el trabajo dancístico durante miles de años, es el resultado del desarrollo de todo lo precedente, de todo el pasado histórico y prehistórico. Es la historia del espíritu de la danza, independiente de los cuestionamientos accesorios relacionados con una u otra concepción estética de moda. A dicha historia le concierne, sobre todo, la naturaleza de su ser.

Nada más fácil que mostrar lo negativo en el arte. Refutar es más fácil que justificar, más fácil que reconocer aspectos positivos, asumirlos y absorberlos. Cuando se reconocen solo los aspectos negativos, cesa la justificación de una conciencia artística que se sitúa a mayor altura que el juez. No es menester superar una determinada estética antigua aludiendo solo a sus defectos. Reconocer los defectos es también fácil, y para ello no se requiere de un conocimiento profundo del fenómeno. Pero encontrar lo bueno exige mayor madurez, un estudio más desarrollado.

Sin embargo, de los principios estéticos en la danza que han sido refutados, se ha conservado una verdad medular. Si debemos considerar las estéticas individuales como grados de desarrollo de un andamiaje dorsal, cada una de ellas se presenta en su respectiva época como una determinación necesaria de dicha idea transhistórica.

El modo más superficial de aparición histórica de las estéticas en la danza es una sucesión de formas.

La sucesión histórica de los estilos de la danza no parece arbitraria. El orden en que surgen los diferentes movimientos está condicionado por toda una trama de necesidades estéticas, que pujan por manifestarse desde la conciencia más profunda de su respectivo tiempo. Dicha estética devela el punto de vista más elevado del espíritu, desarrollándose en su propia condición intrahistórica. Sin embargo, no se puede decir que con ella se ha alcanzado el punto de vista más elevado de todas las épocas, sobre el cual no hay otro. Muchas veces, el rompimiento de una estética debido al surgimiento de otra involucra una decadencia tal del movimiento precedente, que los nuevos creadores terminan refutando de manera absoluta cada valor de este. A pesar del quiebre sincrónico, que en su momento parece necesario y justificable, sabemos que toda refutación afirma el principio de que la comprensión estética naciente es unilateral en sí. En estos casos, una verdad transhistórica deviene en verdad medular, de manera que el conjunto de estéticas sea solamente una, y en todas exista la misma verdad.

Si objetivamos el hecho de que existe un espíritu, un alma de la danza que trasciende aquellos puntos de vista unilaterales, se afirma la necesidad de creer en una filosofía de la danza; también trasciende cualquier pretensión de instalar una estética particular o entronizar un movimiento dancístico absoluto y definitivo. Si reconocemos el ser de este espíritu, su estudio y comprensión debe ser abordado desde una perspectiva filosófica. Hablar del espíritu de la danza *en sí*, implica apreciar su ser y hablar de él *por sí*, además de la posibilidad de abordar su estudio desde la conciencia de su propio ser.

El espíritu de la danza *en sí* y *por sí* es completamente concreto desde el instante en que actúa. No solo posee la forma de tomar conciencia de sí mismo, sino que involucra la totalidad de aquello que pertenece a su configuración metahistórica. Si el espíritu progresa, lo hace en su totalidad y, puesto que dicho progreso ocurre en el tiempo, así también la totalidad de su desarrollo cabe en el tiempo.

Simbolismo

Todas las acciones del cuerpo humano trasuntan una intencionalidad o, al menos, una significación. En los estudios modernos de comunicación analógica —no verbal—, los indicios corporales han sido objctivados hasta hacerse acreedores de la categoría de fenómenos concretos y, por tanto, susceptibles de ser estudiados.

De la misma manera en que el ser humano somete sus designios a una divinidad, así la individualidad creadora del coreógrafo, dado el carácter social de su arte, se somete inexorablemente a la superioridad dispersa y abrumadora del mundo al que están destinados sus esfuerzos. Debe terminar sometiéndose a la vida y a su sentido. De la misma manera en que la vida del ser humano puede carecer de sentido en una determinada época, la danza puede perder el suyo. La realidad del mundo, su estado de conciencia y su lógica etaria —tanto ética como estética— generan una particular perspectiva para el creador de una obra, modelando así sus formas como trasfondos significativos. A su vez, el símbolo en la danza, contextualizado en la dualidad ritmo/movimiento, recorre en forma paralela los caminos de la realidad expresiva.

El problema básico para la danza radica en cómo escapar de los planos más horizontales de la realidad, de los pensamientos estereotipados y de las modulaciones tradicionales de expresión técnica, cuando lo que se busca a través del lenguaje dancístico está íntimamente inserto en la conciencia del movimiento, que nace desde otro misterio: el ritmo.

Desde el prisma del espíritu de la danza, su estudio histórico sindica al cuerpo humano como un continente de formas, cuyo caudal representativo se baraja desde los principios de la mera imitación, el simbolismo abstracto, y hasta el autismo expresionista.

Imitaciones de fenómenos, acciones, actividades, y funciones de la vida doméstica y el trabajo cotidiano, abundan en los anales de la danza. A modo de ejemplo, nuestro baile nacional, la cueca, evoca las fórmulas del cortejo nupcial entre el gallo y la gallina. El pequén simula los remolinos en el vuelo de aquella ave y su torpe parsimonia en tierra. Sin embargo, dichas apariencias de literalidad imitativa reposan sobre fundamentos simbólicos, cuyas síntesis se entronizan en el inconsciente colectivo de los pueblos.

En el folklore, el corpus de la danza se ve impregnado, por la creación misma, de un sentido volitivo consciente, de un sentido emocional hierofánico diseñado en los rincones más profundos y atractivos del misterio de la vida.

El misterio de la muerte se constituye como una de las grandes paradojas que acompañan al ser humano. Desde los rincones de la conciencia, los sentimientos de pérdida, la desazón frente a lo ineludible, la impotencia misma, desatan los afanes de creación artística. La propia inutilidad de la lucha contra la muerte le otorga su carácter heroico. Los matices de irracionalidad que embargan al ser humano y las desgarraduras del fenómeno en sí, le otorgan al creador el germen, y la danza presta sus formatos inigualables para el desarrollo de la obra.

Las danzas ancestrales —y qué más ancestral que la danza afro—, desde su perspectiva medular y endémica, proyectadas desde la genética misma, exponen sus formas representativas con una solidez que trasciende la historia. La densidad del conocimiento primitivo, un conocimiento ultraintelectual, cuyas certezas penetran más allá de los teoremas, se sitúa en la verdad misma de la danza. Aquella verdad que se burla de las ideas a través del misterio encuentra su personificación en la danza como en ninguna otra manifestación artística.

Cuando el movimiento corporal invoca fuerzas sobrenaturales, se produce el contrasentido que devela a la danza en sus matices más sublimes, como un prodigio simbólico de salvaguarda espiritual contra la muerte.

El cuerpo humano, al convertirse en objeto de contemplación estética, despliega sobre sí mismo un complejo y paradojal mecanismo de comunicación simbólica, una relación metaestética. En rigor, el ser humano como espectador contempla a un bailarín y, al propio tiempo, se contempla a sí mismo ante la muerte.

Los espasmos viscerales se muestran como jalones agónicos que pugnan por la vida desde la célula misma. El mero cansancio deviene en una manifestación metadancística. Al tiempo que se desarrolla como agotamiento real, fluye al interior de una danza con ribetes estéticos, representativos de una fatiga metafórica, suprarrealista y concreta, a la vez.

La libertad del cuerpo

En el capítulo "Danza y Música", hemos destacado el fenómeno mágico de la instantaneidad en la música, metamorfoseada por la intuición reveladora del bailarín. Un paso de danza deviene en el instrumento para revertir el proceso de especialización del tiempo iniciado por la música.

Mas... ¿es aquel paso una real expresión de libertad? Si el cuerpo, como instrumento, adolece de una serie de limitantes; si, como hemos visto, la danza académica se caracteriza —al menos en lo estrictamente pedagógico y en apariencias— por su rigidez y dogmatismo; entonces, ¿de qué manera tanto el maestro como el bailarín logran superar aquellos límites impuestos por ambas naturalezas?

Si entendemos y aceptamos lo planteado por Vagànova acerca de las virtudes pedagógicas de la danza académica, debemos inferir que un intérprete se sirve del cuerpo y de la academia para vencer, por medio de la creación, aquellas limitaciones. La liberación del cuerpo es el gran objetivo hacia el cual se dirigen todos los esfuerzos de los trabajadores de la danza.

La danza comienza su vida de creatura estética en el escenario, frente al público que percibe cómo los movimientos se trasmutan para expresar una emoción o una concepción de mundo, maravillándose de que dichos movimientos se conviertan en un organismo viviente, y encierren todo un mundo de recuerdos y experiencias. El principio estético, entonces, se descubre y crece para revelar la verdadera comprensión de la forma.

El cuerpo del bailarín se libera y se hace artístico solo si, a través de la forma, es capaz de proyectar el alma; o como dice Schaichkevitch, "es el alma quien guía el vuelo de la bailarina".

Así como Duncan rechazó de plano el virtuosismo, buscando de manera intensa la expresión pura del sentimiento, una concepción moderna de la danza debe procurar, aunque por caminos diferentes, la libertad. Fidel Sepúlveda orienta sus ideas hacia el misterioso afán de la danza por encarnar lo inmaterial, el alma, con el instrumento más rebelde para ella, su antípoda, el cuerpo humano. La propia reclusión del cuerpo resulta ser la realidad que lo impulsa en la búsqueda de la libertad a través de la danza. De aquí se comprende el carácter explosivo de este arte, el parto traumático del más profundo de los misterios, el alma.

El bailarín vs. la gravedad

"Tanto la elevación como la distancia a que se llegue y la elegancia de la toma de tierra están en función de la perfección que se haya alcanzado en la ejecución de los ejercicios..."
Brian Shaw

Sin temor a equivocarnos, podemos afirmar que el bailarín, con sus saltos y piruetas, pretende superar las limitaciones en pos de la ansiada libertad del cuerpo. Nos parece evidente el afán de hallar la mayor expresión de un alma libre en un cuerpo etéreo, desencadenado, que no sufre contacto o no paga tributos a la gravedad. Sin embargo, no debemos olvidar que la gravedad se encuentra entre los preceptos fundamentales de la danza, y que sin esta no sería posible establecer sus modulaciones. Entonces, resulta inconveniente restarle valor frente a sus propias circunstancias. El propio Noverre nos aclara que "de no existir caída, contacto con el suelo, la elevación sería menos clara".

Si hasta aquí hemos comprendido la realidad de la danza como una permanente interacción de elementos contrarios, entendemos que la propia existencia del contacto con el suelo permite, destaca y otorga la razón de ser de la elevación.

En la historia, diferentes maestros han propuesto diversas concepciones respecto del desarrollo de la elevación y el contacto, de sus existencias y valoraciones. Duncan, por ejemplo, afirmaba que la danza debía contar con elementos naturales, nada de punta, porque su rigidez impide los movimientos naturales del pie. Algunos ballets de Fokine carecían de elevación. Las manifestaciones en busca de la representación de la libertad, en ambos maestros, suelen exponerse por medio de diversos recursos. Y sus nombres figuran con letras doradas en la historia de la danza.

Quienes ingresaron y permanecieron dentro del oficio develando los secretos de la danza, coincidirán en admitir que los elementos gimnásticos y acrobáticos no le son ajenos. Es más, abundan y son, por lo general, largamente aplaudidos en su virtuosismo. Balanchine hizo de la acrobacia un gran recurso.

Los matices de la danza fluyen entre estos dos extremos espaciales, el suelo y el aire. Pero… ¿existe mayor virtuosismo en la ejecución de un salto mayor? La expresión de los valores estéticos de la danza se encarna en el despliegue armonioso del movimiento, exigido por la idea o el sentimiento que pretende revelar. Para ello, se dispone de todo el espectro del movimiento, suelo y aire incluidos. Cualquier tendencia que nos lleve a valorar uno de los extremos con menoscabo del otro, perderá en representatividad tanto como en variedad.

La comprensión integral de la danza como evento artístico complejo, requiere que tengamos siempre presente que busca la expresión de un fenómeno profundamente humano. La danza es el cuerpo expositivo por medio del cual el alma se manifiesta.

El ser humano no es pura virtud; en su compleja composición espiritual se conjugan diversos grados de virtud y maldad, espiritualidad y sensualidad. El virtuosismo puro pierde validez en un contexto de realidad. El principio estético cobra vida allí donde surge la promesa expresiva, donde los talentos coreográfico e interpretativo aciertan en la recreación de dicha realidad. No en la modulación imitativa, sino en la luz nueva de la creación simbólica, en la expresión enriquecida por la novedad. Tanto el cuerpo como la técnica adquieren su valor final en las significaciones expresadas.

La acrobacia demuestra capacidad física, superación cuantitativa, y su existencia se justifica durante el proceso pedagógico, llegando a ser objeto de admiración. Sin embargo, no podemos ajustar dicha admiración a los patrones de calidad artística, que se miden en términos cualitativos.

Por ejemplo, una pieza de danza a ras de piso, concebida y ejecutada en representación de valores telúricos, debe apreciarse como expresión artística bien encaminada —y su valor representativo será mayor— en la medida que la forma se proyecte en armonía con el fondo de las significaciones.

De la misma manera, los saltos y piruetas serán manifestaciones adecuadas para sentimientos de libertad, alegría o fantasías de vuelo.

Ambos extremos de la escala suelo-aire y sus grados intermedios participan en el proceso dancístico. El talento de un coreógrafo se dará a conocer por la gradación adecuada de cada movimiento al significado que porta a la novedad, a la armonía y al ritmo. El valor interpretativo de estos extremos no supera el valor de cada uno de los grados intermedios. Al contrario, a menudo se le puede otorgar mayor virtud interpretativa al logro de la expresión justa, afinada, sin exageraciones que la precipiten en la sobreactuación o en su homólogo, la sobreacrobacia. De la misma manera, negar absolutamente la elevación impone restricciones absurdas y resta posibilidades importantes de expresión, que redundan en falta de brillo, abulia y pesadez.

Desde su génesis, el movimiento dancístico evidencia el ritmo, una tendencia oscilatoria. Suelo y aire forman parte de su ontología.

Los pies firmes en el suelo aseguran la gracia de los pasos. Las piruetas transportan el cuerpo hacia un plano de voluntad que tiende al paroxismo. La inmovilidad anuncia la vida. La batalla implica la posibilidad de la muerte. Un cuerpo tendido anhela levantar su ánimo. Quietud y pasión armonizan sus fortalezas en la creación para la danza.

El genio de la danza

"Los más grandes coreógrafos no se comparan a los genios de otras artes".
A. Schaichkevitch

Beauchamp, Noverre, Vigano, Bournonville, Taglioni, Perrot, Corelli, Massine, Lifar, Balanchine, Ashton, Shaw, Duncan, Joos, Petipa, Fokine, Béjart... ¿dónde hemos escuchado estos nombres ?... ¿los conocemos?... ¿los reconocemos?… Resultan familiares para los estudiosos de la danza… ¿Hay entre ellos algún genio?... Cada uno —y otros que se pierden de nuestra memoria— ha acreditado para sí el apelativo de genio en el ballet. Cada cual en su respectiva época dio a luz creaciones de la más exquisita factura, provocando reacciones diversas de gusto y crítica, como todo acto humano que se manifiesta delante de un público y sobresale. Sin embargo, más allá de las opiniones, tenemos el juicio objetivo, inapelable y permanente de la historia.

La danza, a la que llamaremos ballet para aludir a su calidad de arte —fenómeno artístico que podríamos catalogar de "formal"—, comienza durante el Renacimiento en los círculos cortesanos de Italia. Evolucionó en distintos países de Europa, también en las cortes, y se mantuvo en estas hasta fines del siglo XIX. Incluso hoy nos resulta difícil visualizarlo como un arte "popular".

Las mayores obras son conocidas solo de nombre por las masas. Sus principios y, con mayor razón, sus componentes más profundos permanecen ignorados por la mayoría. La televisión, el medio masivo más poderoso hoy en día, efectúa de vez en cuando lánguidos esfuerzos por exhibir algún documento audiovisual de aquellas obras que dormitan en el olvido de los archivos culturales de los pueblos.

Implementar una compañía de ballet es un lujo que solo se pueden permitir algunas instituciones a las cuales se les admiran las arcas. La realidad incide en que el ballet sea visto como un arte de elite, caro, poco difundido y, por tanto, poco entendido.

Sin embargo, el hecho de que la mayoría de las personas ignore los términos elementales del arte de la danza no significa que la talla de dichos genios se vea disminuida frente a la vara impuesta por músicos, pintores o escultores. Es más, el propio fenómeno de elitización impregna al ballet y a sus figuras de un aura exótica, misteriosa y atractiva.

Un paso de danza es siempre instantáneo y, por ende, irrepetible. De la herencia nos han llegado solo alusiones, sugerencias y, por cierto, algunos escritos *coreológicos* que pretenden en vano reproducir con fidelidad las ideas y movimientos originales. A pesar de ellos, las vivencias estéticas para las piezas del ballet son inevitablemente únicas cada vez que se las recrea. La escritura de la danza no es unívoca, tampoco consensuada, ni logra, en la mayoría de los casos, una transcripción cabal de los movimientos. Esta particularidad no se presenta cuando, por ejemplo, un director de orquesta revive una sinfonía. El carácter único de la escritura musical facilita la universalización de la mayoría de los detalles, incluso los de naturaleza emocional. La reproducción de una pieza musical es incomparablemente más dúctil que la reposición de un ballet, máxime si agregamos las circunstancias que se relacionan de manera directa con la fisiología de los bailarines.

Los accidentes derivados de la restauración de una obra refuerzan el carácter elitista del ballet. La variedad de códigos coreográficos complica a los maestros. Para el resto, simplemente resulta imposible acceder a la comprensión estética de las diferentes modulaciones utilizadas. La ignorancia con respecto de las actividades que se conciertan en la actividad de la danza contribuye para desmotivar a quienes pudieren experimentar simpatías por ella.

Lejos de presentar una visión peyorativa acerca del carácter elitista de la danza como arte, procuramos poner énfasis en la idea de que el genio artístico, a veces, se ve influido más por la apreciación de la fama que concita su nombre. Frente a dicha idea, diremos que para apreciar la obra y la figura de un genio no cuenta la cantidad de personas que marcha en procesión tras su huella, aunque conozcan su obra y la disfruten. No podemos comparar, bajo ningún punto de vista, la genialidad de los maestros de la danza con la de las otras artes. Además, es difícil dimensionar con absoluta justicia aquellas realizaciones establecidas en los años o siglos pasados, sobre todo si no se conserva un registro fiel que dé testimonio de ellas.

Cada genio tuvo, en su época, sus propias circunstancias y dificultades para alzar la voz por encima de los demás cultores, para imponer una concepción más o menos renovadora de las formas, establecerla y mantenerla por sobre los preceptos imperantes.

El valor de un genio en la danza se evidencia a través de la transformación de los compases en movimientos llenos de imágenes simbólicas. "Un solo matiz plástico revela la comprensión elevada de la forma", según Schaichkevitch. La plástica en la danza es la revelación por excelencia. La forma en movimiento representa la epifanía del arte. Al contrario de lo expresado por el propio Schaichkevitch, quien opina que "pareciera que el lenguaje de la danza no está llamado a elevarse hacia las intuiciones metafísicas", las meras formulaciones de la danza son en sí metafísicas. No podemos confinar las intuiciones estéticas a la sola apariencia.

¿Qué busca, entonces, el coreógrafo? Fidel Sepúlveda, con un parecer desarrollado en la universalidad del pensamiento estético, precisa que lo distintivo de la danza estriba en la expresión humana, en irradiar a través del movimiento la totalidad del ser. Es la expresión profunda del acontecer humano, o sea del alma, la materia que confiere la sustancia al ballet. Es precisamente en la metafísica donde se arraiga la maravilla de la danza. No podría ser de otra manera para un arte efímero, etéreo en su instantaneidad, en la cual la llamada *imponderabilidad* (Dufresne) alcanza la categoría de precepto estético. El propio Sepúlveda establece que la danza se construye partiendo de un extraño afán de revertir lo imposible, de "encarnar lo inmaterial con lo más rebelde a esta modulación, como es el cuerpo humano".

Aquello que se aparece superficialmente como un obstáculo, la dificultad para encumbrar el cuerpo como medio de expresión metafísica, se convierte en el vehículo de su magia en manos de un maestro talentoso, merced a las virtudes del ejecutante, por supuesto. Entonces, debemos ser capaces de situarnos en aquella dimensión mágica y revolucionaria del ballet desde su origen para estimar la valía de sus atributos estéticos.

De acuerdo con Lifar "el símbolo-mito sugiere visiones que se encadenan en asociaciones cada vez más complejas". La proyección de los significados dancísticos sobrepasa en un instante el plano físico. La danza puede presumir, ante sí misma y ante quienes han tenido la oportunidad de acceder a la develación de sus secretos, de ser el arte más particular y engañoso. Desde una perspectiva simplista, se muestra como un quehacer superficial, rígido e incapaz de superar los límites de lo físico. Sin embargo, su estudio serio nos revela con deliciosa y dócil sinceridad el trasfondo estético de sus valores plásticos. El propio Schaichkevitch manifiesta sus intuiciones acerca del espíritu de la danza aseverando que "en el ballet, todo es real, tangible, de tres dimensiones, pero al mismo tiempo está bañado en una atmósfera de ensueño, convincente sin lógica".

La expresión de las pasiones, de las cosmovisiones por medio del cuerpo eleva la danza, dotándola de infinitas posibilidades y concreciones, a categorías propias, sublimes, inalienables y, por ende, no susceptibles de comparaciones con las otras artes; tampoco con sus genios.

El alma de la danza

La historia señala que, desde sus primeras manifestaciones, la danza era una actividad guerrera. Los pueblos primitivos ya proponían significados e ideas asignados a los movimientos, gestos y saltos, y dichas propuestas trazan un lineamiento medular que nos permite relacionar aquellas modulaciones atávicas con los conceptos dancísticos más avanzados tanto en sus circunstancias como en su génesis. Uno de dichos principios, señalado por Léon-Paul Fargue, resulta ser la gravedad y la servidumbre al suelo. Más importante, desde una perspectiva ontogenética, es la valoración de la belleza de las formas en un contexto de adecuación temática, otorgado por los significados profundos de dichas acciones particulares en una pieza dancística.

Desde Dalcroze, una de las corrientes dancísticas navega oficialmente por la senda de la diversión y el deporte. Y es allí, justo donde el alma se presenta sin ornamentos, que solemos afirmar que hay carencia de ella, debido al afán hedonista de dicho tipo de danza. Mas dicho carácter superfluo ¿atenta contra el alma de la danza en sí? Si el hedonismo campea en la actualidad en nuestra sociedad, es la propia danza deportiva quien la proclama hoy en su banalidad, tal como las danzas guerreras representaban afanes de supervivencia en la prehistoria. Entonces, el alma de la danza habita también allí, en la carencia de misterio y de profundidad. Se proclama en los gestos, en las piruetas, en las ondulaciones sonoras y el alegre paroxismo que nos arrebata del aburrimiento. El solo ritmo rompe la uniformidad de ese aburrimiento que es, según Fargue, "la encantadora capa que recubre nuestras angustias y nuestros monólogos".

El ritmo canta, promete eternidades a través de las nubes en la imaginación, nos calma, nos restablece, realza recuerdos, eleva de categoría incluso a los caracteres menos templados. El mero ritmo nos imprime la impronta de la sensibilidad y nos salva de las *cosmetogonías* de la existencia. Esa misma alma explota sus posibilidades hasta la extremidad virtual del ritmo asociado a los fondos que representa.

Con la misma transparencia se manifiesta el alma en las danzas de cortejo, en el folclore y en las danzas sociales.

El ballet como género, en cambio, no puede presentarse con los matices de banalidad de sus parientes. Su calidad de arte lo entroniza en las regiones más profundas, misteriosas, confusas y, por lo mismo, exóticas de la danza.

El filtro incesante de la civilización ha devenido en una fase de soltura, gracia y abstracción para la danza. Ahora, el alma se revela al público y la crítica, quienes la aprecian desde la distancia —mayor o menor, respectivamente— para su enjuiciamiento. Sin embargo, la propia alma de la danza sigue siendo el juez profundo, el juez oculto, el juez supremo.

Una filosofía de la danza nos obliga a definir intuiciones. Movimientos regulados y habituales son indicios poderosos desde el comienzo del mundo. El pulso, el movimiento de las confusiones, la inefable intuición del caos, el vaivén de las estaciones, los grandes enigmas en la migración de las aves, la propia respiración, y todas aquellas misteriosas intervenciones divinas; que las pasiones sean seguidas del reposo, y el amor de la tristeza, nos develan el alma de la danza.

Lo que convierte al ballet en un tesoro es el hecho de que se constituye en un intento del ser humano por convencer a Dios de que nos excitan sus misterios, y de insinuarle al público que Dios se encuentra allí, tan cerca de lo cotidiano como del arte.

El lenguaje dancístico

La existencia histórica de un arte se sostiene en la medida que posee una terminología propia, que le permita la trasmisión de sus conocimientos, su desarrollo, y favorezca la creación.

El devenir histórico de la danza se halla reseñado en su literatura, declarado en términos técnicos consecuentes con sus peculiaridades. El acervo allí depositado viene a constituir el alma común de la danza, sus albores, su desenvolvimiento y el acopio de su sabiduría; aquello que trasciende las fronteras de los estilos y de las concepciones estéticas. El alma común de la danza nos revela que su lenguaje primordial es también común.

Una perspectiva primigenia visualiza el espíritu de la danza como un quehacer inherente a la condición humana, si entendemos que, en su esencia, constituye el alfabeto gestual del hombre. Sin embargo, con frecuencia nos encontramos con manifestaciones corporales que hacen surgir la duda acerca del valor de la danza como lenguaje o, al menos, dan lugar a confusiones con respecto de las formas en que puede comunicar.

Al interior de los salones de clases, el lenguaje técnico establece los criterios propios de su contexto, tanto pedagógico como histórico. Por otra parte, debemos considerar las diferencias concretas que surgen entre el lenguaje académico y el de las compañías profesionales, e incluso diferenciarlos del lenguaje definitivo que se presenta ante el público. Cada uno de dichos contextos netos, el pedagógico, el laboral-creativo y el espectacular-simbólico, requieren de formulaciones funcionales, determinadas por las relaciones endogenéticas y sus designios.

Así como en Vagánova encontramos una defensa del pragmatismo instruccional para la pedagogía, para la creación se fomenta la reflexión y la conciencia de la danza trasmutada en lenguaje operativo. Sin embargo, lo que en definitiva se ofrece al espectador como danza propiamente dicha, el evento artístico ante el público, tratará el lenguaje con un simbolismo concreto.

Aquello que en algún momento se desenvolvió como pensamiento discursivo se ha transformado en lenguaje corporal, y precisa ser aprehendido, comprendido y disfrutado intelectualmente por el espectador. Lo efímero, lo inmediato, en su propia indefinición, se ha hecho espectáculo.

Danza y comunicación

La danza constituye siempre un quehacer de cambio; la trasmutación de una idea hacia el universo del movimiento y viceversa. En esta recíproca permuta de mundos, el espectador se transforma en un elemento fundamental. Aquel cambio de la nada aparente hacia una realidad concreta, estructurada y volitiva que es la obra en sí, solo adquiere su valor final en el momento que el espectador descubre aquella idea fundacional, la interpreta, la disfruta y, a su vez, la comparte. La representación de ese mundo nuevo se ha concretado ante nosotros por medio de un vínculo estético sobre las tablas.

Alberto Dallal plantea que en el lenguaje dancístico podemos establecer dos planos en los códigos que se presentan: uno consciente, desarrollado a través de la cultura y que va más allá de las estructuras gramaticales, y otro cultural, forjado ancestralmente en el cuerpo del ser humano. En ambos planos, el potencial del movimiento es visto como un elemento meramente adjetivo del llamado lenguaje dancístico. En la danza, con sus particulares modulaciones, la expresión estética se asienta en el simbolismo concreto y, al mismo tiempo, efímero como en ningún otro arte. La interpretación y valoración de la obra por parte del espectador consistirá en la reintuición de aquella imagen simbólica inicial. Se establece, entonces, un código en la relación entre significante y significado, entre la forma y la idea, gobernado por el símbolo, y este, a su vez, por el movimiento y el ritmo.

Cada pieza de danza establece su propio mundo, dando cuenta de una realidad autogenética que nace junto con ella y se acaba cuando termina. Si bien las herramientas secundarias son similares y se relacionan con las del mundo real, los recursos comunicacionales más profundos, aquellos que habitan en lo simbólico, son sin duda más complejos, multívocos, y están sujetos a la interpretación desde diferentes perspectivas. Aquí reside el valor de la interpretación, cuyas variaciones dependerán de la calidad de los conocimientos previos del espectador, su cultura, su visión de mundo, y sus vivencias sentimentales y espirituales más profundas, entre otros factores. Aun los instintos pueden adquirir un insospechado valor al apreciar una obra de danza.

Movimiento y ritmo corresponden, entonces, al significante en una pieza de danza. El motivo y la fábula definirán los significados. En otra pieza, los conceptos de movimiento y ritmo, independientes de la tendencia histórica o escuela con la que sea consecuente, se mantienen en su lugar de significantes. Es su relación con el mundo nuevo, distintivo, único e irrepetible la que define los significados y, por tanto, el código.

Los motivos en la danza

En el mundo de la danza, la teoría puede devenir con facilidad en la construcción de un mundo autoedificado en el papel, cuyo proceder se aleja no solo del arte, sino también del propio espíritu de dicho mundo. Sin embargo, con la conciencia alerta sobre este riesgo, nos atrevemos a trazar conceptos como un tejido dependiente y supeditado de manera absoluta al quehacer mismo. De esta forma, la teorización no puede discurrir con libertad sus empeños hacia la abstracción. El destino corporal de la danza somete las conceptualizaciones bajo el gobierno de los sentidos.

El ritmo, elemento medular y portador por derecho propio de los significantes en la danza, en sus orígenes prehistóricos fue un recurso energético, mágico, de revelación metafísica, una fórmula mistérica para reconocer el sentido del universo.

El símbolo, no solo en la danza, sino en todo el arte, recorre en marcha paralela el camino de las realidades. Las modulaciones simbólicas, el conjunto de ellas que componen el sentido general de una obra, son presentadas con un relativo albedrío ante el público. La realidad artística revelada se relaciona con el mundo a través de una lógica moral, estética y *conciencial*; desde una perspectiva de voluntad que ha modelado sus formas. En cada coreografía, se vislumbra un motivo central, un hilo conductor que le otorga una cierta unidad de contenido. El concepto de *leitmotiv* wagneriano en la música se define como el elemento portador de presentimientos inconscientes, vagos estados anímicos, recuerdos y hechos psíquicos inefables inexpresables por medio de la palabra. No debemos perder de vista el hecho de que la música, como medio de expresión, es aún más abstracta que la danza.

El motivo, su concepción ideológica, en una pieza de danza es solo una herramienta, aunque presente desde antes de su génesis. Es la razón que determina la acción, un resorte interior que moviliza al creador de una obra y, por ende, asegura su unidad en cuanto a la estructura y al pensamiento dancístico. Le otorga un determinado carácter, una intención dominante.

Mas, al ser la danza un quehacer eminentemente corporal, a menudo se corre el riesgo de considerar que los fundamentos emocionales autosustentan el ser del arte. El Idealismo, por ejemplo, admite como realidad única presente en una obra la forma. Considera que lo sensible, lo corporal, es un símbolo evanescente, adjetivo y, por ello, transferible. El Expresionismo, por su parte, desestima la proyección de los significados. Pero el egotismo enajenador de los bailarines expresionistas es apenas hermeticidad monologante, cuando la singularidad plenaria de la danza solo es posible en las múltiples formas de comunicación.

En literatura, Croce define el término *expresión* como la fusión entre fondo y forma.

En la danza, el ritmo se constituye en la médula de su ser y a suma de los medios dancísticos a través de los cuales el coreógrafo exterioriza sus concepciones, y concretiza los fundamentos ideológicos de su afán artístico. Aquello que hasta la puesta en escena solo existía en estado de conciencia, es expresado de una manera asequible a los sentidos para el público. La proyección de las ideas, entonces, reclama su valor radical en este arte, visual y auditivo por excelencia.

Desde esta perspectiva, de acuerdo con Jung, entendemos que el artista, el coreógrafo, se constituye como una dualidad. Por una parte, humano e individuo, y por otra, creador e impersonal. Como individuo, expresa sus complejos, sus percepciones y voluntades. Como creador, es hombre colectivo, receptor y portador del alma de la humanidad, heredero del conocimiento atávico de su pueblo. Si bien el carácter ergocéntrico de una obra dancística le otorga un matiz de independencia con respecto de su creador, también es cierto que mantiene con él una relación gestacional en cuanto a visión de mundo y percepción de la realidad individual; además de mantener una relación de representación de lo que es el alma de la danza en sí.

El mundo inteligible es inmanente en el mundo de la percepción. La intuición intelectual alude al tránsito de una idea a otra en un acto simple, por medio del cual se capta la realidad y trasciende su propia génesis para transformarse en obra de arte.

El ser del arte dancístico tiene una doble misión: penetrar intuitivamente en la esencia misma de las cosas y reconstruir, mediante conceptos simbólicos, todo el armazón del universo dentro de una coreografía.

La individualidad creadora del coreógrafo, en su artisticidad, puede deslizarse con libertad. Sus ansias de crear pueden desbocarse tras una inspiración personal. Mas el destino colectivo de su arte se ocupa de recordarle que la verdadera grandeza se instala solo en aquellas personalidades que reconocen la superioridad dispersa, pero abrumadora del mundo. La sumisión a la vida y a la realidad no lo obliga a renunciar a las subjetividades. Por el contrario, incrementa en forma sustancial las producciones coreográficas, en la medida que reportan empatía con el espectador.

Hermetismo y comunicación son instrumentalidades del fin humano. Mientras la interacción supone una estructura dinámica de tensión óptima, el hermetismo se disuelve en lo anodino con menoscabo del contexto funcional básico en el arte de la danza.

El mundo simbólico en que vivimos, de significados socialmente construidos, se sustenta sobre relaciones de intersubjetividades.

El motivo, entendido como la fuerza intelectual o representativa, de intención libre, voluntaria y responsable, cuya demanda imperiosa tiene como finalidad la composición de una coreografía, representa la visión del autor sobre la naturaleza, el orden y el valor del mundo, y sobre la condición humana. Es la génesis de dicha obra, y el autor se dispone a manera de un demiurgo desde una panorámica individual. Sin embargo, no se propone dar cuenta de la noción abstracta de la idea conductora, sino que sus esfuerzos se orientan hacia la corporeización de una pieza de danza, susceptible de ser compartida y valorada.

Motivos y locura

"Cuando los deseos y las pasiones no andan por falsas vías, la música se hace
perfecta".
Lue Bu Wa

La historia del arte atestigua la influencia de la locura, el desenfreno pasional y el desequilibrio en la creación, pues al tiempo que estos ingredientes proveen la compulsión de los motivos para la génesis, reportan matices de atractivo para el público.

El empeño gestacional de un artista responde a su personalidad y también a su estado de ánimo, articulando de tal manera su quehacer que la obra resultante se convierte en fiel reflejo de su interioridad en relación con el entorno.

Quienes defienden las finalidades morales y educativas del arte, lo relacionan con ambientes psicológicos y sociales equilibrados y le otorgan valor artístico solo a aquellas contingencias que denotan orden, estabilidad, sobriedad y sentido de lo universalmente justo. Sin embargo, las pasiones humanas, entronizadas de manera irrefutable en el arte, se desarrollan lejos de la prudencia y el equilibrio. La propia danza ubica sus orígenes en la hechicería, en lo mágico como elemento justificador en la comprensión del universo. La danza, desde una perspectiva meramente racional es un evento ajeno a la lógica. Al mismo tiempo, desde la particular perspectiva sincrónica de la comunidad a la cual representa, una obra dancística es coherente con el orden, el equilibrio, la sobriedad y el sentido del universo. La naturaleza intensa y profunda de la danza la hace consecuente con la diversidad de motivos y temas de sus producciones. La danza es siempre reveladora de realidades; horizontales y al sesgo. Son los caracteres dicotómicos propios del devenir humano quienes la nutren y la hacen atractiva. Ya Nijinsky fue acusado de pervertir el buen arte con su *L'Aprés Midi d'un Faune*, mientras sus admiradores, entre los cuales se encontraba Rodin, defendían con vehemencia su revolucionaria creación. Sin embargo, en esta pieza de innegable genialidad no podemos negar los rotundos trazos de locura que motivaron su génesis, los cuales han sido parcialmente develados a través de la literatura posterior.

El *leitmotiv* le otorga a una pieza de danza la unidad estructural necesaria para su existencia como entidad, pero, al mismo tiempo de ser un fenómeno unívoco, representa diversas categorías de percepción: series de recuerdos, estados anímicos variados y acontecimientos psíquicos múltiples. Es en este plano de multivocidad, dentro del cual se agitan los impulsos instintivos inconscientes, donde se reflejan los diferentes estados emocionales, las inclinaciones y ensueños que en algún momento desfiguraron el orden, la condición humana estándar, y el valor del mundo comprensible.

El problema básico para la danza radica en cómo escapar de los planos más horizontales de la realidad, de los pensamientos estereotipados y las modulaciones tradicionales de expresión técnica. Lo que se busca a través del lenguaje dancístico está íntimamente inserto en la conciencia del movimiento que emerge desde otro misterio, el ritmo. El antropocentrismo inmanente de cada obra dancística no excluye las influencias procedimentales ni testimoniales de su gestación, relacionadas con el mundo al que pretende representar, con sus valores y vicios, con sus sanidades y desequilibrios. Así, es el material dancístico extraído por el autor de la obra, ya sea desde el mundo exterior o desde una realidad interna, el que lo relaciona con las pasiones humanas. Entonces, la obra conductora no depende de un imperativo moralizador, sino que más bien se conecta con la actitud creadora, con la función de relación entre el autor con la vida y el mundo. No pretende dar cuenta expresa, clara y transparente del contenido nocional de su idea, sino que quiere crear el cuerpo de ella, concretizarla a través del movimiento. El material dancístico será consecuente con dicha idea y las premisas estéticas responderán a su naturaleza, revistiéndose cada movimiento del sentido superior de la danza, pero anclado a su génesis.

El intérprete y la creación

Una de las dicotomías fundamentales para resolver durante el proceso de la creación dancística, se relaciona con el motivo mismo y sus definiciones. El intérprete, con su oficio, se entroniza también en la génesis de la obra, como en el desarrollo de la vida de ella. Mientras el quehacer del coreógrafo se paraliza momentáneamente una vez que se encienden las luces del escenario, la propia artisticidad que le permitía al intérprete formar parte activa en dicha génesis se proyecta, se independiza frente al público, se asocia con el alma misma de la obra para fundirse al final en una sola esencia. Intérprete, personaje y motivo pasan a ser la misma cosa.

Una pieza de danza, como toda obra de arte escenográfico, comienza su vida propia sobre el escenario mismo; se independiza del sujeto creador y empieza a pertenecer al público, adquiriendo en alguna medida importante un carácter ergocéntrico. En rigor, el trabajo creativo del coreógrafo no termina al comenzar el espectáculo, sino que solo se interrumpe, comprendiendo la puesta en escena como un lapso en el que la obra es autónoma, definitiva e irrepetible. Sin embargo, el intérprete, cuya incidencia en la calidad del trabajo presentado se hace notar desde su nacimiento, mantiene una actitud creadora también durante la puesta en escena. Ya el hecho de escoger a un determinado virtuoso por sobre otros candidatos posibles para ejecutar un rol, responde a un conjunto de particularidades relacionadas con una idea en ciernes. Asimismo, el nivel de logros respecto de la proyección de símbolos, de su comprensión por parte del espectador, varía de escenario en escenario, de acuerdo a una conjunción de factores únicos e irrepetibles. Desde esta perspectiva, el rol creativo del intérprete continúa incidiendo aun durante el desarrollo del espectáculo.

Entonces, en el constructo de la obra el intérprete es un cocreador, al tiempo que se presenta como instrumento maleable a disposición del coreógrafo. Su capacidad física, su sensibilidad, incluso sus estados de ánimo pueden afectar su comunicabilidad. En su doble estándar de sujeto-objeto no solo es portador del motivo, sino que, de alguna manera, se constituye como su constructor, en el sentido de que el motivo es el resorte causal también en el alma del intérprete. Constituye su compromiso con la obra, aquello que él mismo profesa como credo acerca de esta, a la vez que le reporta toda su capacidad expresiva a quienes el coreógrafo ha intentado manifestar su significado.

La naturaleza dicotómica del intérprete se renueva cada vez que se descorren las cortinas, y lo descubre oscilante entre sus quehaceres de cocreador en manos del coreógrafo y creador definitivo frente al público.

Conclusiones

Desde la dimensión de las ideas, hemos orientado nuestros empeños en la búsqueda de fundamentos filosófico-estéticos en el arte de la danza. Creemos haber sido fieles al compromiso enunciado al comienzo de este libro.

Dichos fundamentos, estructurales en sí, se encauzan también hacia la consecución de una identidad dancística nacional, acotada por las modulaciones culturales de nuestra idiosincrasia.

El enorme retraso artístico del que adolecemos en Chile en relación con el mundo desarrollado nos impone la urgencia de una perspectiva de futuro, de *aggiornamento* que nos permita posicionarnos en vanguardia.

Destacamos la labor de los grandes maestros de la capital. También apreciamos la anónima contribución de todos aquellos maestros de provincia o de barrios, sin cuyos afanes el caudal de eventos sería prácticamente nulo. Es aquí donde más nos complacería sembrar con energía nuestras palabras, a manera de inspirador pregón.

Abogamos ante las autoridades por la importancia educativa del arte en general y de la danza en particular, como un vehículo de virtud incomparable para producir felicidad. El trabajo físico la suscita a raudales al interior del salón de clases. De la misma manera, una formación en filosofía y en estética genera placeres intelectuales y espirituales. Por su parte, las proyecciones sociales de la actividad creativa devienen en progreso cultural.

Si anhelamos revelarnos al mundo como un pueblo de vanguardia artística, proponemos rescatar desde el alma misma de la danza, desde su universalidad, aquel sello individual que nos identifique también desde nuestras propias raíces conscientes, subconscientes e inconscientes. Esto implica dejar atrás los vaivenes de la superficialidad y las contiendas de vanidades, para entronizar de manera definitiva a la danza en su calidad entitaria y, desde esta perspectiva, trazar un rumbo de creatividad profunda, sensata, sólida y reflexiva.

Allí donde hacemos danza, atendamos a la danza para crear. Guiemos a los bailarines con la metodología y las modulaciones nacidas de la propia danza. La creación ha de nacer de la danza. El alma del creador ha de ser el alma misma de la danza. Los pasos y movimientos deben nacer del ritmo de la danza. En síntesis, la creación dancística no es más que la armonía en la exclusiva naturaleza de la danza.

Bibliografía

Alonso, Alicia. Diálogos con la Danza, Editorial Galerna, Talleres EDIGRAF, Buenos Aires, Argentina, 1988.

Bayer, Raymond. Historia de la Estética, Fondo de Cultura Económica, México, 2011, decimosegunda reimpresión.

Beaumont, Cyril W. Breve Historia del Ballet, Ricordi Americana S. A., Buenos Aires, Argentina, 1949.

Bonet, Carmelo M. La Crítica Literaria, Editorial Nova, Buenos Aires, Argentina, 1959.

Bourcier, Paul. Historia de la Danza en Occidente, Editorial Blume, Barcelona, España, 1981.

Cifuentes, María José. Historia Social de la Danza en Chile, Visiones, escuelas y discursos 1940-1990, Editorial LOM, Santiago de Chile, 2007.

Cosentino, E. Elbio. Escuela Clásica de Ballet, Autoedición, Inscripción N° 15.917 Registro de Propiedad Intelectual de Santiago de Chile, Valparaíso, Chile, 1956, 6ª edición corregida y aumentada.

Dallal, Alberto. El Aura del Cuerpo, Instituto de Investigaciones Estéticas, Universidad Nacional Autónoma de México, México, 1990.

Dallal, Alberto. La Danza contra la Muerte, Instituto de Investigaciones Estéticas, Universidad Nacional Autónoma de México, México, 1993, 3ª edición, corregida y aumentada.

Dufresne, Jean. Los Estilos en el Ballet, Editorial Anaquel, Buenos Aires, Argentina, 1945.

Guillot, G. y Prudhommeau, G. Gramática de la Danza Clásica, Librería Hachette S. A., Buenos Aires, Argentina, 1974.

Haskell, Arnold. ¿Qué es el Ballet?, Editorial Novaro-México S. A., México D. F. 1959.

Hegel. De lo Bello y sus Formas, Editorial Espasa-Calpe Argentina S. A., Buenos Aires, 1946, Traducción de Manuel Granell.

Ivelic, Milan. Curso de Estética General, Editorial Universitaria, Santiago de Chile, 1990, tercera edición.

Kalinowska, Sophie Irene. El Concepto de Motivo en Literatura, Ediciones Universitarias de Valparaíso, 1972, Inscripción N°39536, Universidad Católica de Valparaíso.

Kupareo, Raimundo O. P. Axiología Estética, Curso de Estética, Facultad de Filosofía y Ciencias de la Educación, Pontificia Universidad Católica de Chile, 1957.

Lifar, Serge. Danza Académica, Escelicer S. A., Madrid, España, 1955.

Lifar, Serge. La Danza, Editorial Labor S. A., Barcelona, España.

Neama, May. Quatre-Vingts Récits sur la Danse, Librairie Gründ, Paris, France, 1969.

Pasi, Mario. El Ballet, Enciclopedia del Arte Coreográfico, Ediciones Aguilar, Madrid, España, 1981, primera reimpresión.

Rameau, Pierre   . El Maestro de Danza, Ediciones Centurión, Buenos Aires, Argentina, 1946.

Salazar, Adolfo   . La Danza y el Ballet, Fondo de Cultura Económica Chile S. A., Primera reimpresión en Chile, 1997.

Schaichkevitch, A. Mitología del Ballet de Viganó a Lifar, Editor Luis Mera, Imprenta Ferrari Hermanos, Buenos Aires, Argentina, 1942.

Sepúlveda, Fidel. El Ballet, Revista Aisthesis N°6, Instituto de Estética, Pontificia Universidad Católica de Chile, Santiago, Chile, 1971.

Vodicka, F. y Belic, O. El Mundo de las Letras, Editorial Universitaria S. A., Santiago de Chile, 1971.

www.ingramcontent.com/pod-product-compliance
Lightning Source LLC
Chambersburg PA
CBHW040856110726
48005CB00001B/86